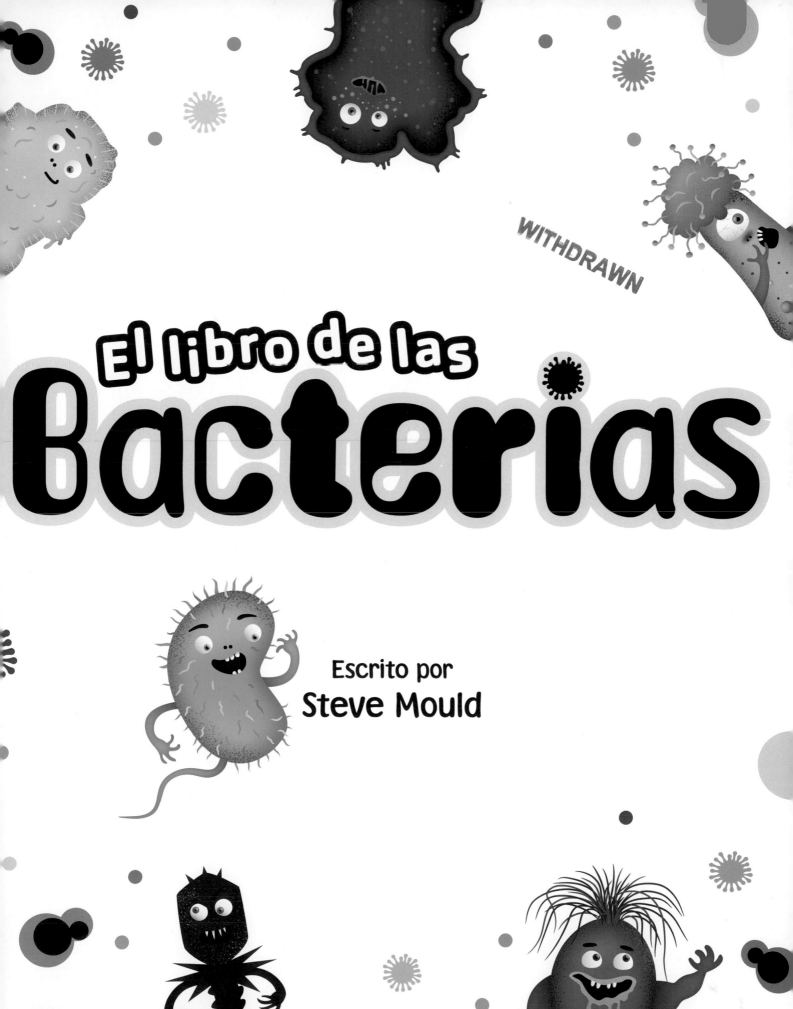

El libro de las Bacterias

Escrito por
Steve Mould

Contenidos

DK | Penguin Random House

Escrito por Steve Mould
Asesor Edward Marks, PhD

Edición Allison Singer
Diseño sénior Joanne Clark
Asistencia de diseño Ala Uddin

Edición adicional Olivia Stanford, Sam Priddy, Amina Youssef
Ilustración Mark Clifton, Molly Lattin, Bettina Myklebust Stovne
Diseño de la cubierta Joanne Clark
Dirección editorial Laura Gilbert
Dirección editorial de arte Diane Peyton Jones
Producción, preproducción Rob Dunn
Producción sénior Isabell Schart
Dirección de arte Martin Wilson
Dirección creativa Helen Senior
Dirección general editorial Sarah Larter

¡Este libro contiene algunas **palabras extrañas**! Intenta entenderlas y consulta después el **glosario** para ver si habías acertado.

Servicios editoriales Tinta Simpàtica
Traducción Ruben Giró i Anglada

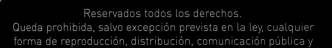

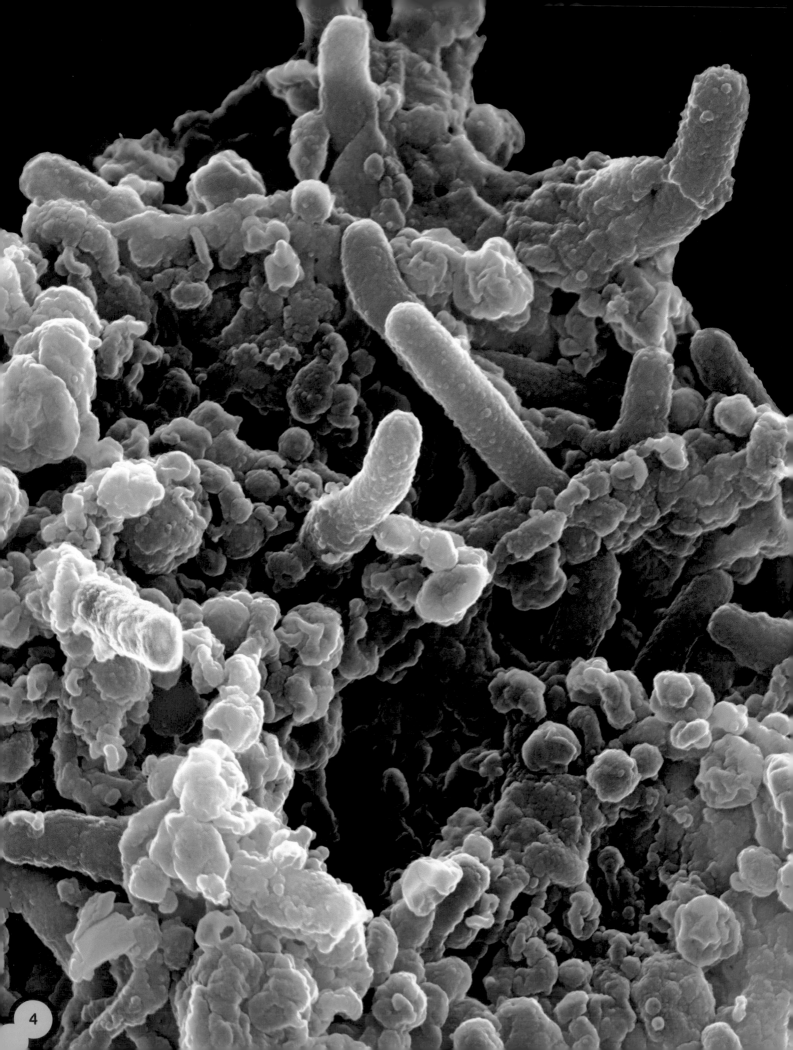

4

Presentación

Mirar por un microscopio es como echar un vistazo a un **mundo extraterrestre** lleno de peculiares criaturas que actúan y se mueven de manera extraña. Estos **microbios misteriosos** están por todas partes: **a tu alrededor, sobre ti y dentro de ti**. Algunos son nuestros aliados, mientras que otros son nuestros enemigos.

Algunas de las criaturas de este libro son **asquerosas** y terroríficas y, en cambio, otras son sencillamente **fantásticas**. Prepárate para descubrir las bacterias que hacen que te tires pedos, los ácaros que viven en tus pestañas y el hongo que transforma las hormigas en zombis.

El mundo de lo diminuto **te fascinará**. He llenado estas páginas con mis cosas favoritas.
¡Pásalo bien!

Steve Mould

¿Qué es un
microbio?

Un microorganismo, o «microbio», es una **criatura viva** tan pequeña que no puedes verla a simple vista. Los microbios más comunes son las **bacterias**, que aparecieron por primera vez en la Tierra hace más de **3600 millones de años**.

Puede haber **un billón** de especies de microbios **en la Tierra.**

Más pequeño que el arroz

¿Sabías que estas criaturas son realmente pequeñas? Aumenta 3000 veces un grano de arroz y verás miles de diminutas bacterias. Los virus, otro tipo de microbios, ¡son aún más pequeños!

Un grano de arroz mide unos 6 mm de largo.

LOS GRANOS DE ARROZ SON MILES DE VECES MÁS GRANDES QUE LAS BACTERIAS.

Un grano de arroz y el aire a su alrededor contienen muchas bacterias.

TAMAÑO REAL

Las bacterias más grandes siguen siendo minúsculas con sus 0,75 mm, lo que mide este punto azul.

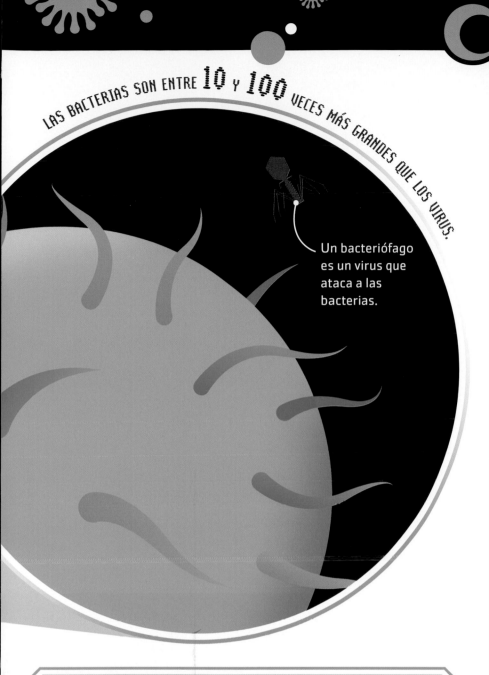

Un bacteriófago es un virus que ataca a las bacterias.

Si fueras un microbio...

Si encogieras hasta ser del tamaño de las bacterias, los granos de arroz serían más altos que una montaña. Los microbios son así de pequeños. ¿Te imaginas?

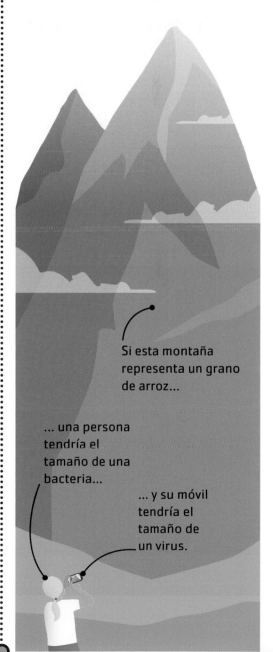

Si esta montaña representa un grano de arroz...

... una persona tendría el tamaño de una bacteria...

... y su móvil tendría el tamaño de un virus.

¿REALMENTE ESTÁN VIVOS?

Aunque sean pequeños, ¡así es! Los científicos no se ponen de acuerdo en qué hace que algo esté vivo, pero parece que todos los seres vivos comparten unas ciertas características, como poder moverse o crecer. Los virus tienen solo algunas de estas características, por eso hay quien cree que no están vivos.

¡A moverse!

¡A crecer!

¡Hola, microbios!

¡Saluda a los **bichitos más pequeños de la Tierra**! Aquí tienes los seis tipos de microbios más habituales. Estas criaturas **están por todas partes**, aunque a menudo no puedas verlas.

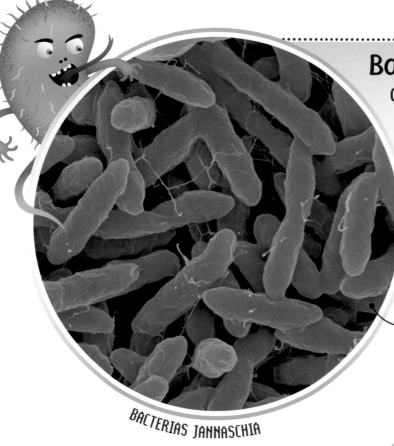

BACTERIAS JANNASCHIA

Bacterias

Cada bacteria está compuesta por una única célula... que además es la célula más simple del planeta. Son la forma de vida más habitual de la Tierra.

Las bacterias adoptan diferentes formas. Estas tienen forma de bastoncillo.

VIRUS BACTERIÓFAGO

Virus

Los virus son los microbios más pequeños. Son tan minúsculos que viven dentro de las células de otras criaturas. Muchos científicos consideran que los virus no están vivos porque no comen ni crecen.

Este virus se une a una bacteria.

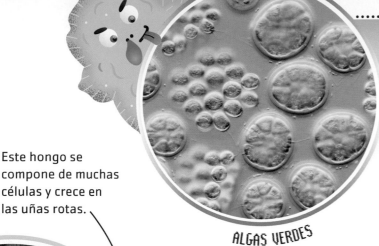

Algas

Muchas algas están compuestas por una única célula. Suelen ser más grandes que las bacterias. Como las plantas, las algas utilizan la clorofila, un componente químico verde, para convertir la luz del sol en energía.

ALGAS VERDES

Este hongo se compone de muchas células y crece en las uñas rotas.

HONGO SYNCEPHALASTRUM RACEMOSUM

Hongos

Los hongos, como el moho, descomponen plantas y animales muertos para comérselos. Pueden estar compuestos por una sola célula o por muchas.

Este protozoo vive dentro de los peces. Parece que camine al moverse.

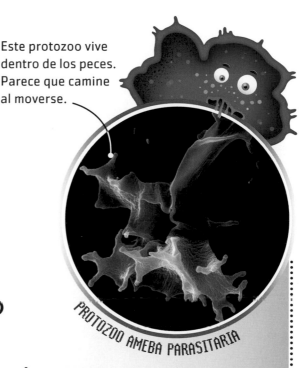

PROTOZOO AMEBA PARASITARIA

Protozoos

Los protozoos están compuestos por una única célula. Se comportan un poco como lo hacen los animales: se mueven y se comen a otros seres vivos.

A esta arquea el calor no la afecta.

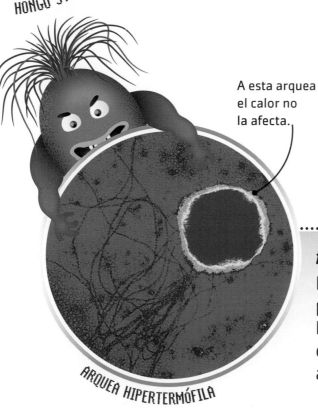

ARQUEA HIPERTERMÓFILA

Arqueas

Las arqueas se parecen mucho a las bacterias, pero tienen un comportamiento diferente. Pueden sobrevivir en entornos extremos, ya que soportan las temperaturas elevadas y los ácidos potentes.

Si no lo veo, no lo creo

Los microbios son criaturas que no vemos a simple vista. Entonces, ¿**cómo sabemos** que existen? Podemos verlos con la ayuda de un microscopio, pero no es la **única** manera.

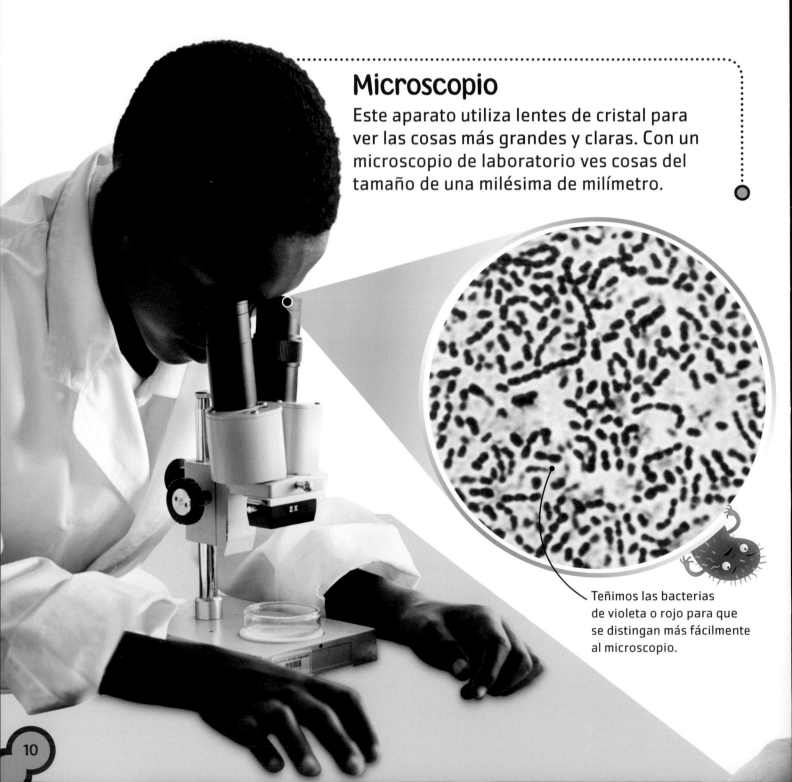

Microscopio

Este aparato utiliza lentes de cristal para ver las cosas más grandes y claras. Con un microscopio de laboratorio ves cosas del tamaño de una milésima de milímetro.

Teñimos las bacterias de violeta o rojo para que se distingan más fácilmente al microscopio.

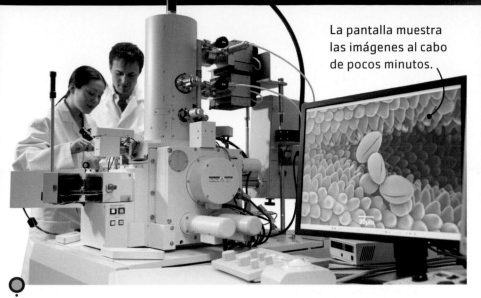

La pantalla muestra las imágenes al cabo de pocos minutos.

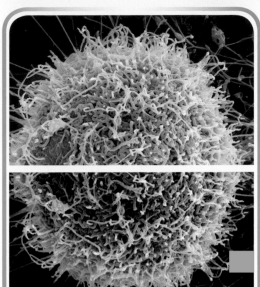

Microscopio electrónico

Algunos microbios, como los virus, son demasiado pequeños para verlos con un microscopio normal. Los científicos usan el microscopio electrónico, para lanzar sobre ellos partículas diminutas (los electrones) y crear así una imagen digital.

Imágenes en color
El microscopio electrónico crea imágenes en blanco y negro, y después se les añade color para poder entenderlas mejor.

Cultivo de manchas

Los científicos cultivan bacterias en platos especiales, las placas de Petri, que están llenos de una gelatina rica en nutrientes, el agar. Estos nutrientes ayudan a que las bacterias crezcan. Con el tiempo, las manchas de bacterias se aprecian a simple vista.

La mayoría de las personas tienen estafilococos en la piel. Estas bacterias suelen ser inofensivas.

Los microbios que **nos enferman** son los **gérmenes.**

Células animales

Mírate la piel con un microscopio: verás que está compuesta de células. No las consideramos vivas porque no pueden crecer y reproducirse solas. Las células del cuerpo colaboran entre ellas para mantener vivo a todo el organismo.

Cuando una célula de la piel se separa del cuerpo, se muere. Ya no puede crecer ni reproducirse más.

Las células de la piel forman la barrera protectora del cuerpo.

El cuerpo humano está compuesto por unos 30 billones de células.

Todo sobre las células

Cuando piensas en seres vivos, u organismos, lo más probable es que pienses en animales y plantas, y no en **manchas microscópicas**. Pero todos los seres vivos tienen algo en común: desde el **mamífero más grande** hasta la **bacteria más diminuta**, todos están hechos de células.

Las células de las bacterias y los microbios pueden vivir solas.

Células de microbio

Al contrario que las células de la piel, las células de bacteria no necesitan estar juntas para vivir. Si separas una, seguirá creciendo y reproduciéndose mientras tenga suficientes nutrientes.

BACTERIAS EN UNA PLACA DE PETRI

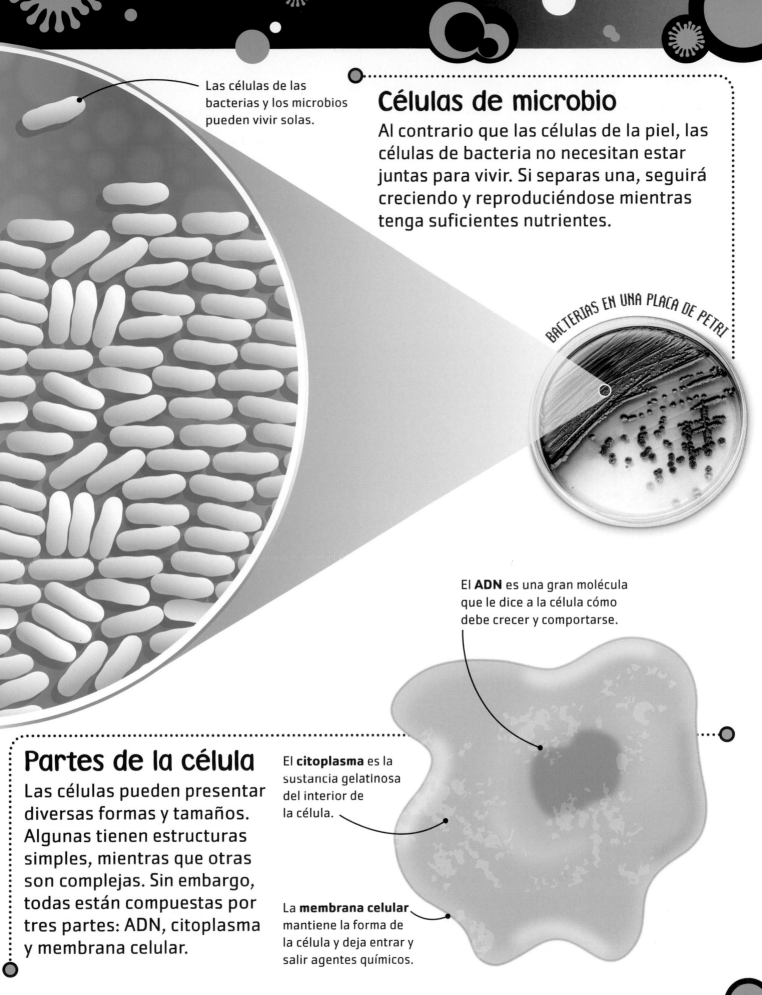

El **ADN** es una gran molécula que le dice a la célula cómo debe crecer y comportarse.

Partes de la célula

Las células pueden presentar diversas formas y tamaños. Algunas tienen estructuras simples, mientras que otras son complejas. Sin embargo, todas están compuestas por tres partes: ADN, citoplasma y membrana celular.

El **citoplasma** es la sustancia gelatinosa del interior de la célula.

La **membrana celular** mantiene la forma de la célula y deja entrar y salir agentes químicos.

¿Qué son las
bacterias?

Una cucharada de agua de charca o un pellizco de tierra contienen **millones de bacterias**. En la Tierra hay unos **cinco millones de billones de billones** de bacterias vivas, que juntas pesan más que todas las plantas y animales juntos. Pero, **realmente ¿qué son?**

Célula de bacteria

Cada bacteria está compuesta por una sola célula, cuyo interior es mucho más simple que el de las células de otros seres vivos.

La capa de protección alrededor de la célula es la **pared celular**.

Algunas bacterias tienen pelitos, o **pili**, que emplean para unirse a los sitios.

Las bacterias con flagelo nadan **100 veces** su longitud en **un segundo**.

Esto es la **membrana celular**. Deja entrar los nutrientes para que la célula crezca y deja salir los residuos que no necesita.

Algunas bacterias cuentan con un **flagelo**, una cola giratoria con la que se impulsan.

Esta larga cadena enrollada es el **ADN**. Almacena información que indica cómo es la célula y cómo funciona.

El **citoplasma** es el líquido espeso del interior de la célula.

En forma

Las bacterias tienen diversas formas y tamaños. Estas son las más habituales.

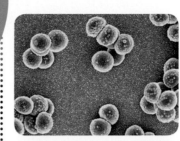

Cocos
Los cocos son redondos u ovalados, como una pelota.

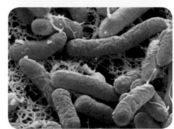

Bacilos
Los bacilos tienen la forma de un bastoncillo o una cápsula.

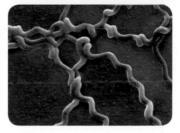

Espirilos
Los espirilos son largos y enrollados; se parecen a un sacacorchos.

FÁBRICA DE BACTERIAS

Unas pequeñas moléculas, los ribosomas, flotan en el citoplasma de la célula de las bacterias. Los ribosomas son como diminutas fábricas: «leen» trozos de ADN copiado como si fuera un manual de instrucciones y fabrican piezas para su propia célula.

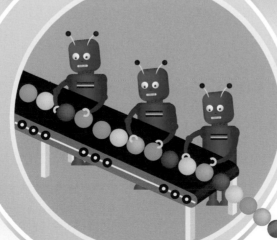

UN RIBOSOMA POR DENTRO

Las bacterias crecen al absorber alimentos, o nutrientes, pero no pueden crecer de manera ilimitada.

Después, la célula se parte por la mitad y crea 2 células nuevas, cada una con su copia del ADN.

Las 2 células nuevas son idénticas. Si tienen suficientes nutrientes, crecerán y se dividirán para crear 4 células.

Cuando una célula de bacteria llega a un determinado tamaño, hace una copia de su ADN. Cada copia se dirige a una punta de la célula.

Cada vez que se parten, se dobla el número total de células: aquí, 4 células se han convertido en 8.

La potencia de duplicarse

Una célula de E. coli tarda 20 minutos en partirse en dos. Puede parecerte un proceso lento, pero con el alimento suficiente, cada nueva célula volverá a duplicarse en 20 minutos, y así una vez tras otra hasta convertirse en miles de millones.

8 células se convierten en 16...

Crecer y
multiplicarse

Las bacterias y otros organismos de una sola célula **se reproducen dividiéndose en dos copias** y crean nuevos organismos. Con este proceso, ¡una pequeña célula se puede **convertir rápidamente en muchas**!

CONDICIONES PERFECTAS

Las bacterias crecen más deprisa cuando están en condiciones idóneas. Les encantan el calor, la humedad y los nutrientes. Los científicos crean estas condiciones en una placa de Petri para cultivar las bacterias que quieren estudiar.

... 16 células se convierten en 32...

... 32 células se convierten en 64...

... y 64 células, en 128.

¡En 12 horas, **una célula de bacteria** puede crecer y dividirse **en 70 000 millones!**

Pero ¿dónde están?

¿Dónde están las bacterias? La respuesta es fácil: **¡por todas partes**! Mires donde mires, las encontrarás haciendo **algo fantástico**. Aquí tienes solo algunos sitios donde buscarlas.

En el cuerpo de cualquier persona, o sobre él, hay **unos 2 kg** de bacterias.

Rocas

Algunas bacterias sobreviven dentro de las rocas. Como no pueden comer mucho, crecen lentas y se reproducen cada 100 años, más o menos.

Aire y cielo

El aire a tu alrededor contiene bacterias flotando, igual que la atmósfera que envuelve el planeta. ¡Algunas bacterias incluso viven en las nubes!

Océano

Hay bacterias en las profundidades del océano. Las de la superficie obtienen la energía del Sol. En el lecho marino, en cambio, la obtienen de productos químicos.

Suelo

El suelo está lleno de bacterias, que convierten el nitrógeno del aire en nutrientes útiles para las plantas. Esto forma parte de un proceso que se conoce como el ciclo del nitrógeno.

Ciclo del nitrógeno

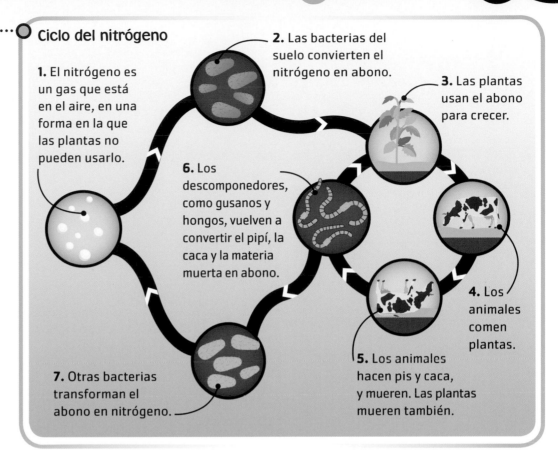

1. El nitrógeno es un gas que está en el aire, en una forma en la que las plantas no pueden usarlo.

2. Las bacterias del suelo convierten el nitrógeno en abono.

3. Las plantas usan el abono para crecer.

4. Los animales comen plantas.

5. Los animales hacen pis y caca, y mueren. Las plantas mueren también.

6. Los descomponedores, como gusanos y hongos, vuelven a convertir el pipí, la caca y la materia muerta en abono.

7. Otras bacterias transforman el abono en nitrógeno.

En casa

Tu casa está llena de bacterias, pero no te preocupes: la mayoría de ellas son totalmente inofensivas. Puede haber alguna peligrosa en superficies que no se limpien bien.

¡En ti!

Las bacterias son muy importantes para el cuerpo y la piel. De hecho, ¡tienes más células de bacteria en el cuerpo que células humanas!

Por dentro

Unas bacterias que viven dentro de este sepiólido tienen unos agentes químicos que lo hacen brillar. Esto se conoce como bioluminiscencia.

¿Sepias que brillan?

El **sepiólido** es un animal fantástico: vive en las aguas poco profundas del Pacífico y el Índico. A primera vista, ¡**parece que brille**! ¿Sabes qué es lo que lo hace brillar?

Las bacterias ayudan al sepiólido a ocultarse de los animales que tiene debajo, que lo confunden con el brillo del agua de la superficie.

El **sepiólido** mide unos **30 mm**: es **siete veces más pequeño** que la sepia común.

Los sepiólidos no son los únicos seres vivos que brillan en la oscuridad. Aquí tienes otros que brillan con luz propia.

Setas

Algunos hongos, como estas setas, emiten luz. Su brillo verde ahuyenta a posibles predadores hambrientos.

Rape

Las hembras de rape tienen un órgano en la cabeza con bacterias brillantes, con el que atraen a presas y machos.

Plancton

Las aguas de esta playa en las Maldivas, en el sur de Asia, están repletas de diminuto plancton bioluminiscente. La luz confunde a los predadores.

En tu cuerpo

Las personas nacemos con **algunas bacterias,** pero al cabo de poco tiempo ya tenemos cientos de especies en el cuerpo. Aunque a menudo pensamos que las bacterias son **unos bichos malvados que nos hacen enfermar,** casi todas son inofensivas, e incluso las hay que son útiles.

¿Quién ha sido?

La mayoría de las bacterias del cuerpo están en el intestino, donde ayudan a digerir, o procesar, la comida. Pero también pueden tener un efecto secundario algo molesto: aquello que pasa el día que comes muchas legumbres…

1 Boca
¡Lo primero es masticar! La comida debe romperse a trocitos para que el cuerpo pueda utilizarla.

Garganta

Los músculos de la garganta empujan la comida hacia el estómago.

Ácido del estómago

2 Estómago
El ácido del estómago descompone más la comida. La mezcla resultante pasa al intestino delgado.

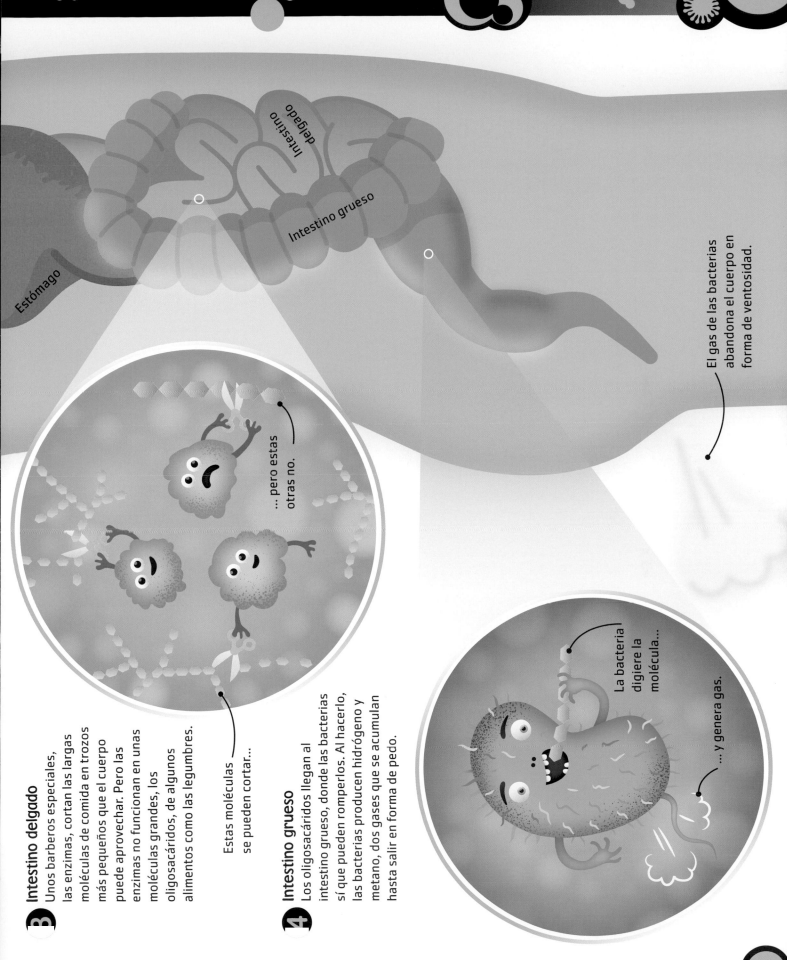

Estómago

Intestino delgado

Intestino grueso

El gas de las bacterias abandona el cuerpo en forma de ventosidad.

... pero estas otras no.

Estas moléculas se pueden cortar...

3 Intestino delgado

Unos barberos especiales, las enzimas, cortan las largas moléculas de comida en trozos más pequeños que el cuerpo puede aprovechar. Pero las enzimas no funcionan en unas moléculas grandes, los oligosacáridos, de algunos alimentos como las legumbres.

4 Intestino grueso

Los oligosacáridos llegan al intestino grueso, donde las bacterias sí que pueden romperlos. Al hacerlo, las bacterias producen hidrógeno y metano, dos gases que se acumulan hasta salir en forma de pedo.

La bacteria digiere la molécula...

.... y genera gas.

Las bacterias malas

Casi todas las bacterias son inofensivas, algunas incluso son útiles, pero otras hacen que nos **sintamos mal**. Estas **bacterias nocivas** tienen maneras muy inteligentes para pasar de un huésped humano a otro.

Más o menos la **mitad del peso** de tu caca son bacterias.

Cólera

El cólera es una terrible enfermedad que se propaga fácilmente en lugares en los que el agua no es limpia. En 1855, el científico John Snow descubrió que algo en el agua había desatado un brote de cólera en Londres, Inglaterra.

2 Diarrea
Estas toxinas provocan el paso de mucha agua por el intestino delgado, lo que causa que la caca sea muy líquida.

1 Las bacterias se multiplican
Las bacterias de cólera se multiplican dentro del sistema digestivo húmedo y caliente de la víctima. Ocupan la pared del intestino delgado y liberan toxinas, unos agentes químicos peligrosos.

3 Fosa séptica
A principios del siglo XIX, los inodoros solían desembocar en fosas sépticas subterráneas. La diarrea muy líquida facilitaba que las bacterias de cólera salieran por cualquier grieta de la pared de la fosa.

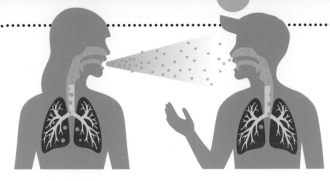

Tos ferina

Las bacterias de la tos ferina hacen que se acumule moco pegajoso en los pulmones. El enfermo tose para eliminarlo y así las bacterias salen disparadas para que otras personas las respiren.

Acné

Las bacterias del acné viven en unos agujeritos de la piel: los folículos. Cuando uno de ellos se tapona, las bacterias se comen los depósitos de grasa y se multiplican. El cuerpo contraataca con una inflamación: ¡ha aparecido un grano!

Cuando John Snow descubrió qué provocaba la enfermedad, se cerró la bomba de agua.

❺ Agua contaminada
La gente se contagiaba por beber agua del pozo contaminada con bacterias de cólera.

❻ Los síntomas se repiten
Ahora este nuevo enfermo también tiene diarrea, y más bacterias de cólera irán a la fosa séptica.

❹ Agua infectada

Las bacterias de cólera penetran por las grietas del pozo subterráneo. Antes de tener grifos con agua corriente, la gente tenía que sacar agua del pozo para beber.

❼ El ciclo continúa

El cólera infecta más agua para beber y contagia la enfermedad a más personas.

Defensas del cuerpo

El cuerpo tiene muchas **maneras de defenderse** contra los microbios nocivos, o gérmenes. Estas defensas juntas componen el **sistema inmunitario**. La primera línea del sistema inmunitario es la piel.

Cuando te haces un corte, el sistema inmunitario envía más sangre al área para luchar contra las bacterias, lo que provoca que la piel se enrojezca e hinche.

Las bacterias y los gérmenes peligrosos no pueden cruzar la piel.

Corte

La piel es tu órgano más grande y es una dura capa de protección que recubre el cuerpo. Al cortarse, el tejido interior queda expuesto a los gérmenes y a una posible infección.

La sangre del cuerpo circula por un sistema de tubos denominados arterias.

La sangre contiene diversos tipos de glóbulos blancos, cada uno con su manera de luchar contra los gérmenes.

ALERGIAS

Una alergia es cuando el sistema inmunitario ataca algo que no es peligroso, como el polen. La alergia al polen se conoce como rinitis alérgica.

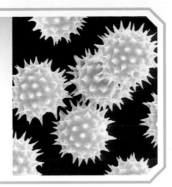

Macrófago

Esta increíble imagen ilustra un tipo de glóbulo blanco conocido como macrófago, que engulle gérmenes y los destruye con unos agentes químicos conocidos como enzimas.

OTRAS DEFENSAS

El sistema inmunitario tiene unos cuantos trucos más para evitar que progrese una infección.

Fiebre

Cuando tienes fiebre, la temperatura del cuerpo es superior a la normal. La fiebre ataca a los gérmenes y permite que los glóbulos blancos actúen mejor.

Estornudos

Cuando los microbios entran en la nariz, tu cuerpo reacciona estornudando para expulsar gérmenes y mantenerte sano.

Las bacterias pueden producir toxinas que perjudiquen el cuerpo. Este tipo de glóbulo blanco libera agentes químicos para luchar contra las toxinas.

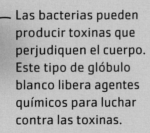

Este tipo de glóbulo blanco libera unos agentes químicos denominados anticuerpos que destruyen o aturden a los gérmenes invasores para que los macrófagos puedan engullirlos.

Lágrimas

Los gérmenes te irritan los ojos. Con las lágrimas el cuerpo intenta deshacerse de ellos.

Los **antibióticos**

Podemos evitar **que nos infecten las bacterias**, por ejemplo **lavándonos las manos** y **evitando tocarnos los ojos y la boca**. Si ya estamos infectados, en cambio, es posible que el médico quizá nos recete un **antibiótico**.

Un descubrimiento fantástico

Antes no había tratamientos para infecciones bacterianas mortales, como la neumonía. Por fortuna, el bacteriólogo Alexander Fleming descubrió por accidente algo fantástico.

En 1928, antes de irse de fin de semana, Alexander Fleming preparó unos cultivos de bacterias en unas placas de Petri. El lunes, una de las muestras tenía una pinta muy rara...

Fleming tenía su laboratorio un poco desordenado. Las placas de Petri contenían diferentes sustancias. Una de ellas tenía algo de moho, un tipo de hongo que afectó a las bacterias de una manera sorprendente.

Fleming investigó qué había ocurrido: el moho, conocido como Penicillium, había matado a las bacterias cercanas al liberar una molécula que ahora denominamos **penicilina**. La penicilina había hecho explotar las bacterias.

¡**Bum!** El hongo de penicilina deja fuera de combate a la bacteria. ¡Ha ganado el hongo!

¡Gané!

LA PLACA DE PETRI DE FLEMING

Bacterias ~~sanas~~ anas

Bacterias muertas

Moho de Penicillium

Con el paso del tiempo, los científicos descubrieron cómo aislar la penicilina del moho. Ahora las infecciones de bacterias de todo el mundo se tratan con penicilina.

¡No tan deprisa!

Pero después...
¡LAS BACTERIAS CONTRAATACAN!

Las bacterias no se rinden con facilidad. Se acostumbran a un antibiótico y este deja de funcionar. Por eso los científicos no dejan de buscar nuevos antibióticos.

El antibiótico casi lo consigue
Un antibiótico mata a todas las bacterias, menos algunas que son ligeramente diferentes, o mutantes.

El antibiótico ya no funciona
Las bacterias mutantes crecen y se multiplican. El antibiótico no puede matar a estas bacterias.

El nuevo antibiótico funciona
Se descubren antibióticos nuevos que acaban con las mutantes. Pero se forman nuevas mutaciones y...

Bacterias con
superpoderes

Las bacterias llevan casi **4000 millones de años** por aquí, y durante este tiempo han desarrollado unas increíbles capacidades. Aquí tienes cuatro ejemplos de sus **sorprendentes superpoderes**.

¡Son magnéticas!

Las bacterias magnetotácticas tienen una cadena larga de cristales magnéticos en su interior que actúa como la aguja de las brújulas. Estos cristales hacen que las bacterias puedan indicar dónde está el norte.

¡Son eléctricas!

Algunas bacterias, como la Shewanella, tienen pelitos que actúan como cables y permiten que entre y salga la electricidad. ¡Incluso dan descargas eléctricas al hacer caca!

¡Son superpegajosas!

La bacteria más pegajosa, la Caulobacter crescentus, pega tres veces más que la cola más potente. La «cola» que produce está hecha de azúcar.

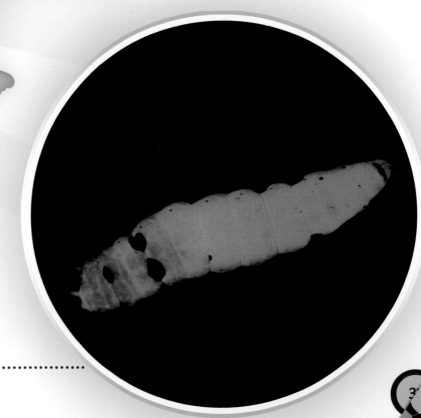

Bacterias en un diente humano

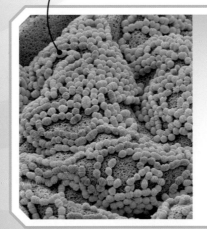

EN LOS DIENTES

Las bacterias suelen ser pegajosas: por ejemplo, algunas bacterias se pegan a los dientes y provocan caries. ¿Sabías que hay más bacterias en tu boca que gente en el mundo?

¡Son disolventes!

Las bacterias de Photorhabdus pueden disolver una oruga por dentro para que se la puedan comer otros bichos, como el gusano nematodo, que tiene estas bacterias en su intestino. Ah, ¡y brillan en la oscuridad!

Bacterias útiles

Los humanos llevamos **miles de años** utilizando las bacterias sin saberlo, dentro del cuerpo. Ahora gracias a la tecnología encontramos muchas **maneras nuevas y creativas** de usar las bacterias.

Hacer medicinas

El páncreas crea la insulina, un agente químico que equilibra la cantidad de azúcar en la sangre. Los que tienen diabetes no producen suficiente insulina y por eso se la tienen que inyectar. Ahí es donde entran en juego las bacterias.

Antes de las bacterias, se utilizaba insulina de ¡**páncreas de cerdo**!

CÓMO HACER INSULINA

1 Usa ADN humano

El ADN indica a las células cómo deben fabricar ciertas sustancias, como la insulina. Primero, los científicos recortan la parte del ADN humano que explica cómo hacer insulina.

ADN humano

Este trocito sabe cómo se hace la insulina.

2 Ponlo en una bacteria

Los científicos colocan el ADN de la insulina en bacterias de E. coli. ¡Las bacterias empiezan a crear insulina!

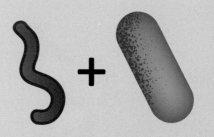

3 Multiplica y recoge

Cuando las bacterias crezcan y se multipliquen, las nuevas células también crearán y liberarán insulina.

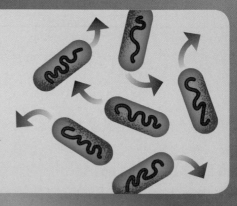

Una ayuda

Las bacterias se usan para crear todo tipo de productos que hacen que el mundo sea mejor, desde cultivar plantas más resistentes a corregir y limpiar nuestros errores.

Los insectos están acabando a bocados con estas plantas.

Estas plantas resistentes a los insectos son más sanas.

Proteger campos

Algunas plantas pueden resistir a los insectos que intentan comérselas. Copiamos en bacterias las instrucciones del ADN de estas plantas para ponerlas en otras plantas y hacerlas también resistentes.

Lavar ropa

Las bacterias crean unas moléculas, las enzimas, que descomponen a otras. Si añadimos estas enzimas en el jabón, desaparecen las manchas de la ropa.

Un vertido de petróleo es un desastre para el mar; las bacterias nos ayudan a limpiarlo.

Crear materiales

Los científicos experimentan con bacterias para crear materiales de construcción. Por ejemplo, se pueden hacer ladrillos con arena y bacterias pegajosas.

Digerir el petróleo

Las bacterias marinas ayudan a limpiar el petróleo que vierten los barcos. Para acelerar el proceso usamos agentes químicos para romper el petróleo en gotitas que las bacterias digerirán con mayor facilidad.

Vivir en la bacteria

A diferencia de las bacterias, los virus no se pueden replicar, o reproducir, por sí solos, sino que deben forzar a las células de otro organismo a copiarlos. Un bacteriófago es un tipo de virus que infecta a las bacterias.

El caparazón del virus se conoce como **cápside**.

El **ADN** conserva las instrucciones para crear una copia del virus.

Estas **patitas** permiten que el virus se pueda unir a la célula.

Pared celular de la bacteria

Membrana celular de la bacteria

¿Qué es un virus?

Cada vez que te resfrías, te **infecta un virus**. Los virus son la forma de vida más simple y son mucho más **pequeños que las bacterias**. Son los responsables de muchas enfermedades.

Formas

Los virus tienen muchas formas y tamaños diferentes. Aquí puedes ver tres ejemplos.

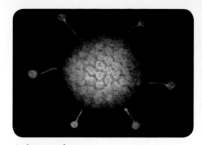

Adenovirus

El adenovirus afecta a la respiración. Su cápside está formada por 20 triángulos.

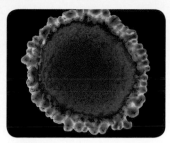

Gripe

El virus de la gripe queda recubierto por una capa de piel del infectado.

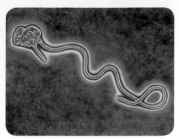

Ébola

El ébola tiene forma de tubo enrollado. Se trata de un virus muy mortal.

3 Cuando el virus está formado por completo, la célula explota y el virus sale para infectar otras células.

Hacer copias

El virus inyecta su ADN en la célula de la bacteria. El ADN es una molécula muy larga. Se parece a un manual de instrucciones porque contiene el proceso para crear copias del virus.

1 Unas moléculas de las bacterias siguen al pie de la letra las instrucciones del ADN del virus.

2 La célula fabrica las diferentes partes del virus por separado, y estas se unen al final.

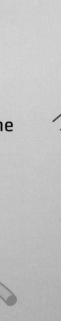
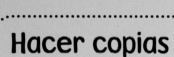
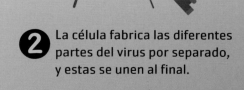

Pillar un resfriado

El resfriado común es una infección viral que causa mocos y dolor de garganta y de cabeza. Cualquier niño pilla hasta **siete resfriados al año**, más que cualquier otra infección.

El contagio

Para infectar a algún incauto, el virus del resfriado tiene que llegar a la nariz, los ojos o la boca de la siguiente víctima. ¡No es tan difícil!

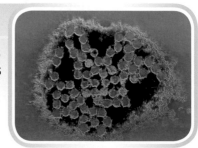

Célula infectada por el rinovirus.

1 Mocos fuera
Cuando alguien que está resfriado se toca la nariz, acaba con el virus del resfriado en la mano.

2 Manos que se tocan
Al tocar la mano de alguien más, el virus cambia de propietario.

3 Comida en la boca
El virus pasa de la piel a la comida cuando la tocamos.

El virus está en una pegajosa bola de moco.

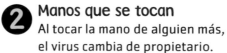

¡Ahora el virus está en la manzana!

¡ROMPE EL CICLO!

Sigue estos simples pasos para evitar que se propague el resfriado común.

Come y duerme bien

Mantén el cuerpo en forma para luchar contra las infecciones virales comiendo alimentos sanos, como fruta y verdura, y durmiendo lo suficiente.

Tápate la boca

Estornuda y tose en un pañuelo o en la parte interior del codo, nunca en la palma de la mano.

Lávate las manos

Antes de tocarte los ojos, la nariz o la boca, lávate las manos con agua y jabón.

Quédate en casa

Si estás resfriado, quédate en casa hasta que mejores para no contagiar a otras personas.

4 Enfermedad
Cuando llega a la boca, el virus se multiplica, infecta las células y te hace enfermar.

5 Mocos fuera
Los mocos de las manos infectarán cualquier cosa que toques.

6 El ciclo continúa
El virus salta a la siguiente víctima.

Al estornudar el virus vuelve a las manos.

Células de memoria

Si ya has pasado el sarampión, nunca volverás a pillarlo. Dales las gracias a unos glóbulos blancos especiales, las células de memoria, que recuerdan lo que tiene que hacer el cuerpo para destruir al virus si vuelve a presentarse.

¡A ti te conozco!

1 Cuando un virus desconocido entra en el cuerpo, el sistema inmunitario no está preparado. El virus se propaga y te hace sentir mal.

3 Los glóbulos blancos descubren cómo acabar con el virus. ¡Una victoria para el sistema inmunitario! Te empiezas a sentir mejor.

Combatir un virus

El cuerpo lucha contra los virus igual que contra las bacterias malas: con **glóbulos blancos**. Pero ¿sabes que el cuerpo **aprende con cada infección**? ¿O que el médico te puede **dar una pequeña ventaja** para acabar con la siguiente?

2 Cuando el sistema inmunitario detecta la infección, envía glóbulos blancos para enfrentarse a los virus y descubrir sus debilidades.

4 Casi todos los glóbulos blancos mueren cuando acaba su trabajo, pero algunos quedan por ahí: son las células de memoria, encargadas de recordar el virus por si vuelve en el futuro, para que puedan derrotarlo.

Este glóbulo blanco ahora recordará el virus.

Vacunas

Los médicos pueden ponerte una vacuna con una versión debilitada del virus. Los glóbulos blancos derrotan con facilidad a este virus y crean nuevas células de memoria que te protegerán si se presenta el virus de verdad.

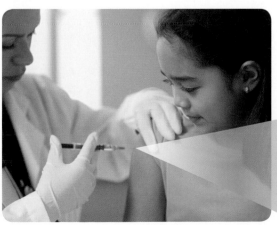

Células de virus debilitado

Trucos mortales

Los virus se multiplican **invadiendo las células** de un organismo. Sin embargo, para sobrevivir mucho tiempo tienen que **pasar de un organismo** a otro. Algunos virus han desarrollado trucos para que les sea más fácil saltar de una víctima a otra.

Rabia

El virus de la rabia se contagia cuando un animal infectado, como un perro, muerde a otro. Curiosamente, la infección hace que el perro se enfade más y muerda con más facilidad, y así el virus se propaga más deprisa.

Infección inicial

Un perro con rabia muerde a otro perro. El virus pasa de la saliva del primer perro a la sangre del segundo.

1

Saliva peligrosa

4

El virus viaja hasta la boca, donde se crea la saliva. La saliva que produce ahora el perro contiene el virus de la rabia. El ciclo vuelve a empezar cuando el perro muerde a otro.

¿LOS VIRUS SE DEBILITAN?

Cuando un virus pasa de un animal a una persona provoca enfermedades graves. Pero con el tiempo los virus son menos mortales. El virus pierde fuerza a medida que el sistema inmunitario lo conoce más y lo puede atacar mejor.

Miles de virus de la rabia atacan a las células del animal.

2
Llegada al cerebro
El virus se multiplica y viaja por el cuerpo del perro hasta el cerebro, donde causa hinchazón.

3
Mala conducta
La conducta varía a causa de los cambios en el cerebro del perro. El perro es más agresivo y tiene más ganas de morder.

Enfermedad zoonótica

Aunque no se ve mucho en personas, la rabia es una enfermedad zoonótica: puede pasar de un animal a un humano. Estas enfermedades son de las peores del mundo. Aquí tienes unos ejemplos.

Gripe aviar
La gripe aviar, o gripe del pollo, es un tipo de gripe que suele afectar a aves. Si el virus infecta a un humano, puede ser mortal.

Virus del Nilo Occidental
Este virus es habitual en aves, como este cuervo. Una picadura de mosquito puede contagiar a los humanos. Muchos infectados no tienen síntomas; otros desarrollan la enfermedad.

Ébola
Esta enfermedad mortal provoca fiebre alta y hemorragias en humanos. Los científicos creen que el virus viene de los murciélagos.

Enfermedad por arañazo de gato
Las bacterias también causan enfermedades zoonóticas: esta enfermedad aparece cuando entran bacterias en el cuerpo humano a través de un arañazo de gato y causa hinchazón y dolor en los músculos.

Virus de plantas

Los virus no solo atacan a los animales. **Todos los seres vivos** pueden sufrir sus efectos, también las plantas. Como las plantas no se desplazan, sus virus deben **encontrar otras maneras de transmitirse** de una víctima a otra.

Olores traicioneros

El virus del mosaico del pepino tiene una manera inteligente de pasar de planta a planta: engaña a la planta infectada para que emita potentes olores dulces que atraerán a los pulgones, unos insectos que comen plantas.

3 ¡Qué asco!
La planta está infectada por un virus. Cuando los pulgones se la comen, también se tragan virus... ¡y no sabe muy bien!

1 Huele de maravilla
Este pulgón capta el potente olor de una planta vecina, está repleto de deliciosos nutrientes fragantes.

2 Volando hacia la comida
El ejército de pulgones asalta la sabrosa planta para comérsela a bocados, sin piedad.

TULIPÁN EN APUROS

Los pétalos de tulipán suelen ser de un solo color, pero el virus del mosaico del tulipán hace que crezcan con tiras blancas que crean un «mosaico» de color. Las flores parecen más bonitas, pero este virus las perjudica.

4 Propagación del virus

Como sabe mal, los pulgones buscan otra planta para comer, pero se llevan el virus. Cuando encuentran otra planta y le pegan un bocado, también la infectan con el virus.

VIRUS DEL MOSAICO DEL PEPINO

» La cápside o caparazón del virus del mosaico del pepino tiene forma de pelota de fútbol, con 12 pentágonos de 5 caras y 20 hexágonos de 6 caras.

¿Qué son los hongos?

Existen un montón de tipos diferentes de **hongos** y todos comparten algo: sacan los nutrientes de otros organismos, **vivos o muertos**, echándoles líquido para después recuperarlo y chupar los nutrientes.

Moho

Muchos microbios están compuestos por una sola célula, pero el moho, un tipo de hongo, es diferente: se unen unas cuantas células para formar unos hilos que parecen ramas y que usan para alimentarse de nutrientes, como en este pan cubierto de hongos.

Los diferentes colores de este pan corresponden a diferentes tipos de moho.

Los hilos de moho se conocen como hifas.

MOHO NEGRO DEL PAN (RHIZOPUS STOLONIFER)

Hongos chungos

Cualquier lugar que sea cálido y húmedo es ideal para que crezcan diferentes tipos de hongos, como mohos, levaduras y setas, ¡incluido también tu cuerpo!

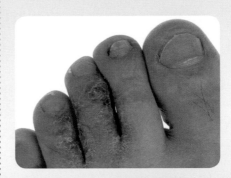

Infección por hongos

Algunos hongos crecen en nuestro cuerpo y causan enfermedades. A los hongos que producen el pie de atleta les chiflan las condiciones de humedad de los zapatos sudados.

Levadura seca

La levadura es un hongo que se usa para hacer pan: es el encargado de crear burbujas de dióxido de carbono para que el pan tenga aire en su interior.

Setas

Algunos hongos se alimentan bajo tierra hasta que están a punto para reproducirse, momento en el que salen a la superficie en forma de setas.

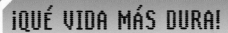

¡QUÉ VIDA MÁS DURA!

Para ser considerado un hongo, las paredes celulares de un microbio deben ser de quitina, la misma sustancia de la que está hecho el caparazón del cangrejo y el exoesqueleto de los insectos.

Mega**moho**

En el aire a nuestro alrededor se encuentran diminutas motas denominadas **esporas**. Cuando se posan sobre la comida, empiezan a crecer y multiplicarse en **grandes extensiones** de hongos: **esto es el moho.**

¡Puaj! El moho ya se extiende por todo el tomate y ya no puede comerse.

Ojo con el moho

El reloj empieza a contar cuando se recoge el tomate de la planta. ¿Cuánto tiempo pasará hasta que aparezca el moho?

Recién recogido
Las células del tomate están duras. Las esporas del moho no pueden cruzar su dura piel.

Tras una semana
Sin el aporte de nutrientes frescos de la planta, el tomate se debilita y empieza a descomponerse.

Tras dos semanas
Aparece el moho que se alimenta de los nutrientes del tomate en descomposición.

Más lento

Conservamos la comida en la nevera para que esté fresca. La temperatura baja frena el crecimiento del moho y la maduración y descomposición de la fruta, por eso no sale el moho.

Tras cuatro semanas

El tomate se vuelve blando y asqueroso a medida que el moho se lo come.

¿BUENO O MALO?

El moho no siempre es malo. A veces incluso hacemos que salga de manera voluntaria. ¿En qué tienes que fijarte entonces?

Moho en casa

A veces aparece moho cerca de los grifos y otros puntos húmedos de casa. Si se acumula, puede provocar reacciones alérgicas. ¡Malo!

Comida podrida

El moho indica que la comida se ha podrido y que puede contener otros microbios peligrosos. ¡Cuidado!

Moho delicioso

Algunos alimentos tienen un moho especial y comestible, como este queso azul, para darle un sabor potente y ácido. ¡Ñam!

Crecer y
expandirse

El moho parece **surgir de la nada**. Ayer las manzanas del frutero estaban **brillantes y rojas**, mientras que hoy ya tienen una tira de pelusa verde. **¿De dónde salen estos hongos?**

Las esporas crecen

La comida, cuando se pudre, libera nutrientes, que usan las esporas de moho para crecer.

2

Ciclo de las esporas

Los hongos como el moho usan unas células, las esporas, para expandirse. Cada espora puede producir un organismo nuevo. Son muy ligeras y duras, y pueden sobrevivir largos viajes flotando en el aire.

Las esporas aterrizan

El aire está lleno de esporas del moho, por eso las encuentras en la mayoría de las superficies, incluida la comida.

1

DIENTE DE LEÓN

Las esporas se parecen mucho a las semillas. Igual que estas semillas de diente de león, el viento esparce las esporas de moho para crear un nuevo organismo allí donde aterricen.

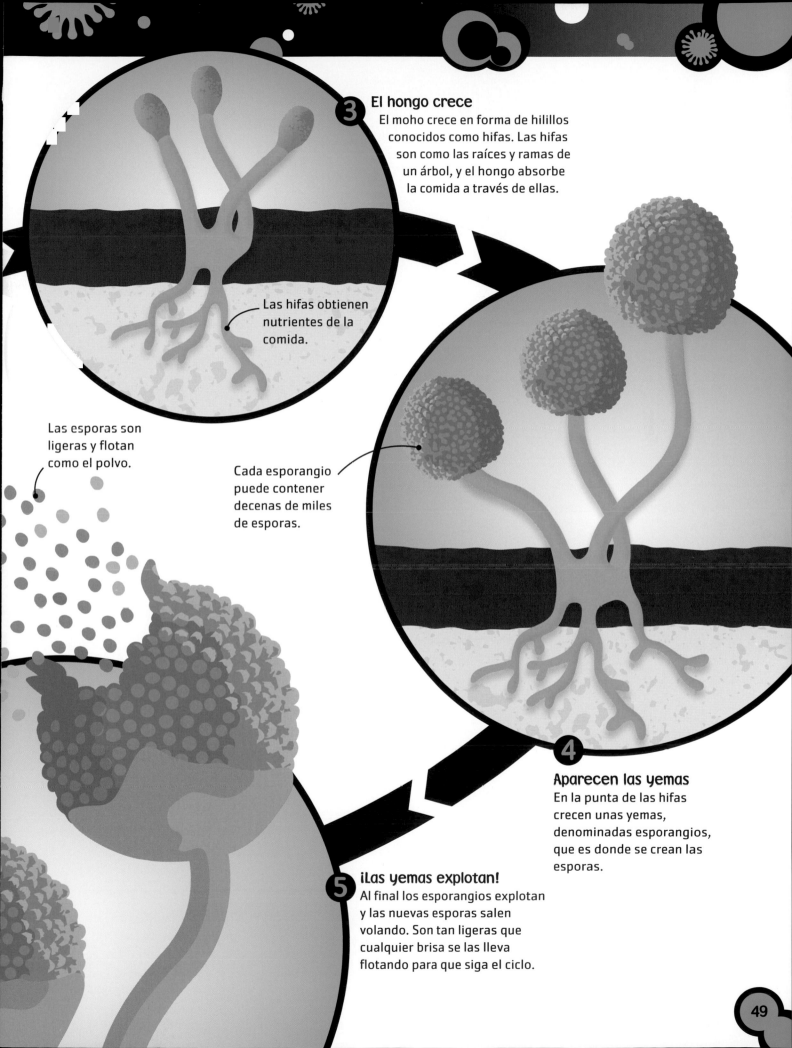

El hongo crece

El moho crece en forma de hilillos conocidos como hifas. Las hifas son como las raíces y ramas de un árbol, y el hongo absorbe la comida a través de ellas.

Las hifas obtienen nutrientes de la comida.

Las esporas son ligeras y flotan como el polvo.

Cada esporangio puede contener decenas de miles de esporas.

Aparecen las yemas

En la punta de las hifas crecen unas yemas, denominadas esporangios, que es donde se crean las esporas.

¡Las yemas explotan!

Al final los esporangios explotan y las nuevas esporas salen volando. Son tan ligeras que cualquier brisa se las lleva flotando para que siga el ciclo.

Fermentación

Las levaduras son un tipo de hongos compuestos por una única célula que convierten los azúcares en otras moléculas, como alcohol y dióxido de carbono, por fermentación. Por eso se usa levadura para crear bebidas como el vino.

1 El primer paso para hacer vino es aplastar muchas uvas. ¡Antes se hacía pisándolas con los pies descalzos!

2 Las uvas tienen una levadura natural en la piel. Al romperla se mezcla con el azúcar en su interior y así se inicia el proceso de fermentación.

3 La levadura muere cuando ya no puede soportar la concentración de alcohol. Si el vino se embotella antes de que muera, se forman burbujas de dióxido de carbono y la bebida tiene gas.

Micro**chefs**

¿Los microbios también son **útiles** en la cocina? Hemos usado hongos y bacterias en un proceso conocido como **fermentación** durante **miles de años**. Este proceso hace que la comida dure más y sea más sabrosa.

Comida favorita

La fermentación participa en algunos productos inesperados, como estos alimentos fermentados de todo el mundo.

Kimchi

El kimchi es una salsa coreana tradicional hecha de col y otras verduras. Las bacterias fermentan la col para darle su sabor ácido.

El gas del dióxido de carbono crea los agujeros del pan.

Pan

Se añade levadura a la masa del pan para crear burbujas de dióxido de carbono. El gas queda atrapado en la masa y por eso el pan queda ligero y esponjoso.

Queso

Cuando uno de los azúcares de la leche, la lactosa, se fermenta con bacterias, se crea ácido láctico, que es lo que aporta sabor ácido al queso.

Yogur

Igual que el queso, el yogur se hace fermentando los azúcares de la leche. Unos de los principales microbios responsables son unas bacterias conocidas como lactobacilos.

Control mental

Cuando las esporas del Ophiocordyceps unilateralis caen sobre una hormiga, le colonizan todo el cuerpo. Al cabo de poco el hongo controlará la mente y el comportamiento de la hormiga.

Las bolas del hongo al final de los pies, o esporangios, explotan para liberar miles y miles de esporas.

Los pies del hongo salen de la cabeza de la hormiga.

❶ Las esporas caen
El hongo libera las esporas, que caen sobre una hormiga. Usan unos agentes químicos especiales, las enzimas, para entrar en su cuerpo.

❸ La hormiga sube
El hongo hace que la hormiga suba a una planta y la muerda con fuerza.

❷ El hongo infecta
Las células del hongo se multiplican, colonizan la hormiga y liberan más agentes químicos que modifican su conducta.

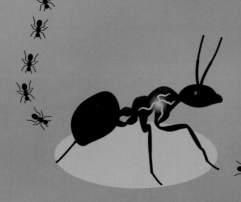

¡Hormigas zombis!

Solemos pensar que los hongos crecen sobre plantas y los animales muertos, pero algunos pueden crecer dentro de **seres vivos** e incluso **hacer que cambien de conducta**. Un hongo concreto incluso convierte en zombis a las hormigas.

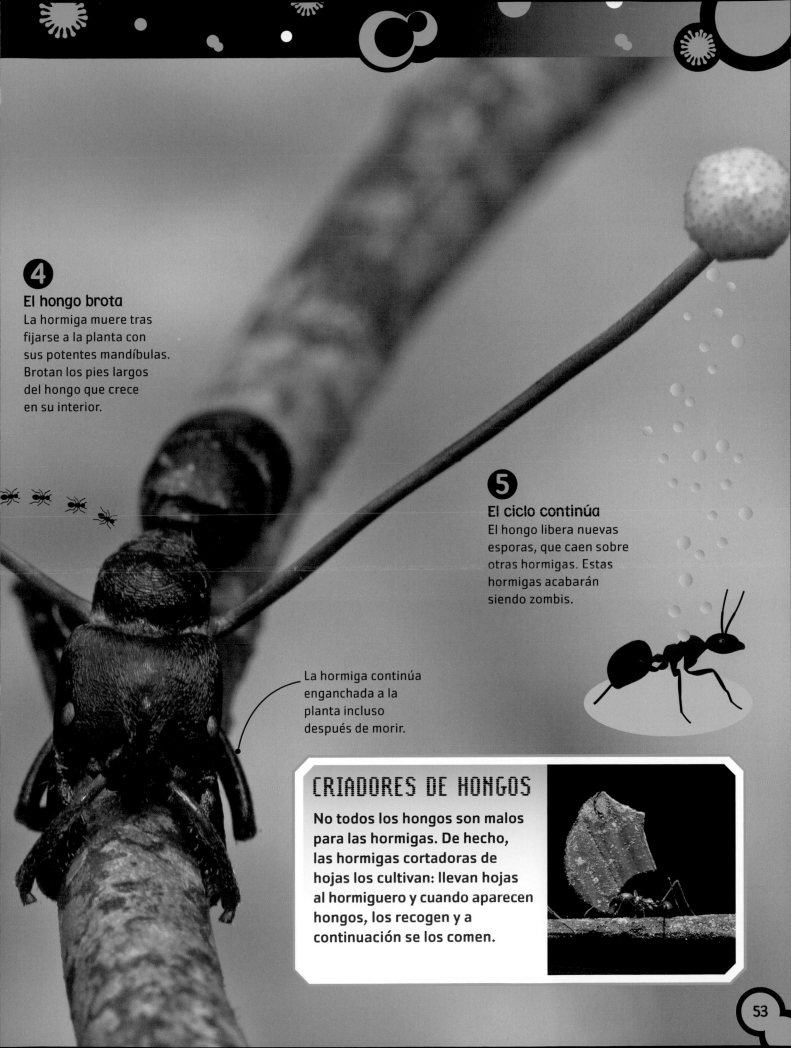

④ El hongo brota

La hormiga muere tras fijarse a la planta con sus potentes mandíbulas. Brotan los pies largos del hongo que crece en su interior.

❺ El ciclo continúa

El hongo libera nuevas esporas, que caen sobre otras hormigas. Estas hormigas acabarán siendo zombis.

La hormiga continúa enganchada a la planta incluso después de morir.

CRIADORES DE HONGOS

No todos los hongos son malos para las hormigas. De hecho, las hormigas cortadoras de hojas los cultivan: llevan hojas al hormiguero y cuando aparecen hongos, los recogen y a continuación se los comen.

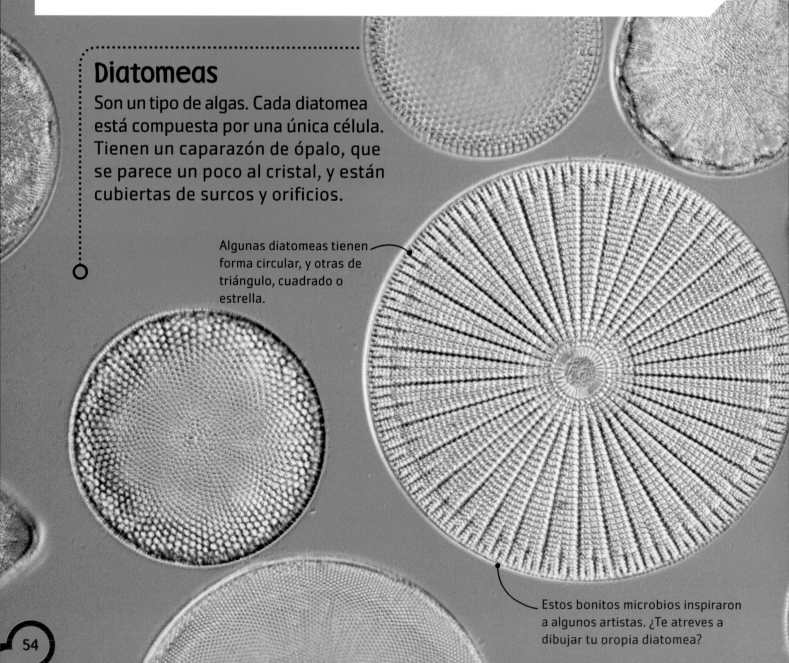

¿Qué son las algas?

¿Has visto alguna vez algo que parece moco verde flotando en una **charca**? ¡Es probable que sean algas! Este microbio es famoso por su color... pero no todas las algas son verdes. La variedad de estas **fantásticas criaturas** te sorprenderá.

Diatomeas

Son un tipo de algas. Cada diatomea está compuesta por una única célula. Tienen un caparazón de ópalo, que se parece un poco al cristal, y están cubiertas de surcos y orificios.

Algunas diatomeas tienen forma circular, y otras de triángulo, cuadrado o estrella.

Estos bonitos microbios inspiraron a algunos artistas. ¿Te atreves a dibujar tu propia diatomea?

Zooclorelas y sargazos

Las algas tienen formas y tamaños muy diferentes, desde criaturas microscópicas unicelulares hasta plantas marinas gigantes.

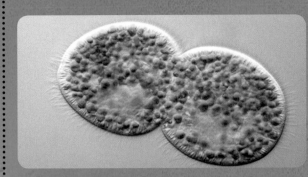

Zooclorelas

Cada diminuta manchita verde es un alga unicelular denominada zooclorela. Las zooclorelas solo viven dentro de otros seres.

Sargazo

Este tipo de alga es una planta marina. Normalmente es marrón y crea bosques gigantes bajo el agua.

— Las diatomeas son transparentes, parecen de cristal.

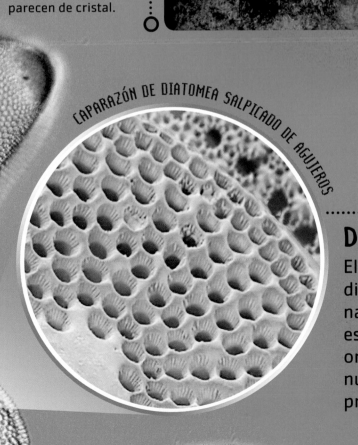

CAPARAZÓN DE DIATOMEA SALPICADO DE AGUJEROS

Dentro y fuera

El duro caparazón de la diatomea es impermeable: nada lo puede cruzar. Por eso está repleto de pequeños orificios: para que entren nutrientes y salgan productos de desecho.

Energía **verde**

Todas las algas comparten la misma fuente de energía. Igual que las plantas, obtienen la energía del **Sol** en un proceso denominado **fotosíntesis**. Durante este proceso, también absorben dióxido de carbono para convertirlo en **oxígeno**.

Invasión de algas

Cuando la temperatura, la luz del Sol y otras condiciones son las idóneas, las algas pueden copar una charca, un lago o incluso una parte del océano. Estas grandes extensiones verdes son invasiones de algas, todo un espectáculo.

ALGA VERDE DE AGUA DULCE

Fíjate bien
Estas algas de agua dulce son verdes porque tienen unas moléculas especiales en su interior: la clorofila. La clorofila es la responsable de la fotosíntesis.

¡Casi la mitad del **oxígeno** que respiramos **viene de las algas!**

Las algas son como los árboles y la hierba de los océanos, lagos, charcas y ríos. Igual que las plantas, absorben la luz del Sol y la usan para hacer azúcar y oxígeno.

Energía solar

Las moléculas de clorofila de las algas captan la energía del Sol y la guardan en forma de azúcar, que aprovechan para moverse y crecer. Algunos animales, como este caracol, comen algas. ¡También quieren usar el energético azúcar para moverse y crecer!

¿Qué son los protozoos?

Los protozoos son organismos de una célula, como las bacterias, pero realmente **se asemejan más a plantas y animales**. Además, se comportan como los animales, merodeando por ahí y **comiendo otros seres vivos.**

Ameba

Una ameba es un tipo de protozoo cuyo aspecto parece una cucharada de gelatina. Puede cambiar de forma constantemente. Se mueve y come lanzando extremidades parecidas a piernas. Algunas comen otros organismos simples, como las bacterias.

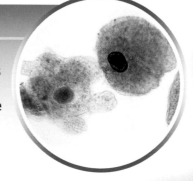

AMEBAS

>> Las amebas detectan los agentes químicos que emite su comida. Se parece a lo que hacemos nosotros al oler.

La **membrana celular** de una ameba es muy flexible y líquida.

Casi todo el interior de la ameba es **citoplasma**.

El **ADN** de la ameba está en una bolsa central, el **núcleo**.

1 La ameba lanza extremidades para rodear por completo a esta bacteria.

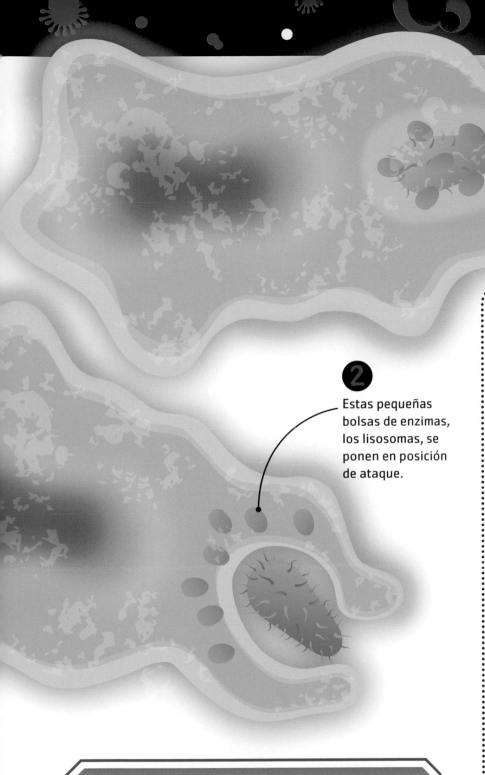

3 Cuando se ha rodeado por completo la bacteria, los lisosomas liberan las enzimas que la descomponen en nutrientes que la ameba absorberá: es su comida.

2 Estas pequeñas bolsas de enzimas, los lisosomas, se ponen en posición de ataque.

¡ES ENORME!

La mayoría de las criaturas de una sola célula son diminutas, pero no todas. Esta ameba es un xenofióforo y es el mayor organismo unicelular que conocemos: puede llegar a los 20 cm de través, ¡más grande que tu mano!

Colegas protozoos

Además de las amebas, también hay otros dos tipos principales de protozoos: los ciliados y los flagelados.

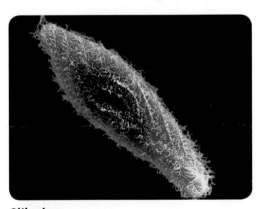

Ciliados
Los ciliados están recubiertos de cilios, una especie de pelitos que usan para moverse, comer, sentir y agarrarse.

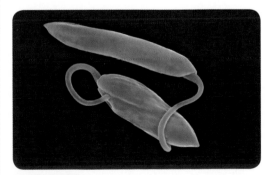

Flagelados
Los flagelados tienen como mínimo una cola larga, el flagelo, que usan para nadar. Algunos flagelados nos provocan enfermedades.

¿Qué son las arqueas?

A simple vista las arqueas se parecen mucho a las bacterias, pero su **membrana celular** es superdura. Las arqueas son capaces de vivir en **lugares extremos**, donde no podrían sobrevivir otros microbios.

Caliente, caliente

¡Algunas arqueas viven a temperaturas de alrededor de 100 °C! Reciben el nombre de hipertermófilas. Las altas temperaturas rompen moléculas importantes, como el ADN; las hipertermófilas, por lo tanto, tienen que tener buena mano reparando moléculas rotas.

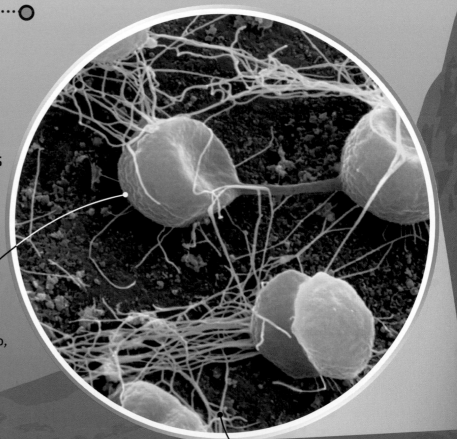

La **membrana celular** de una hipertermófila es resistente para que pueda sobrevivir en el calor extremo, como por ejemplo en una fuente hidrotermal.

¿Qué es una fuente hidrotermal?

El lecho oceánico tiene grietas por donde el agua penetra y aumenta de temperatura al tocar rocas calientes y magma. Esta agua acaba saliendo por fuentes hidrotermales, que parecen volcanes bajo el agua. Las hipertermófilas crean colonias ahí.

Las arqueas pueden tener más de un **flagelo**, o cola, para desplazarse de aquí para allá.

Se forma un «humo» oscuro donde el agua caliente de la fuente se mezcla con el agua fría del océano.

La parte superior de la fuente hidrotermal emana agua caliente.

Arqueas extremas

Las arqueas no solo viven en altas temperaturas, sino que también han hecho de otros entornos extremos su casa.

Supervivencia en la sal

Los científicos creían que nada sobrevivía en agua muy salada, pero algunas arqueas viven en aguas 10 veces más saladas que las del océano.

Resistencia a la radiación

Unos tipos concretos de arquea pueden sobrevivir 3000 veces a la exposición a la radiación, un tipo de energía, que mataría a un humano. Estas criaturas son realmente duras de pelar.

Las arqueas **no causan** enfermedades.

ARCO IRIS DE MICROBIOS

No todos los microbios extremos son arqueas. Unas bacterias a las que les encanta el calor son las responsables de estos preciosos colores del arco iris alrededor de la Gran Fuente Prismática, en el Parque Nacional de Yellowstone, en Estados Unidos.

Micro**animales**

No todos los microorganismos tienen una sola célula, como las bacterias y los protozoos. Algunos tienen **muchas células** pero continúan siendo muy pequeños a simple vista. ¡A estos bichitos que ponen la piel de punta les llamamos **microanimales**!

Eso que asoma son colas de ácaro en el folículo de una pestaña.

Ácaros de las pestañas

La mitad de las personas tienen en las pestañas una población de demodex, un animal conocido como ácaro que mide unos 0,4 mm. Tiene ocho patas y se pasea de noche por los párpados.

Gusano nematodo

El 90 % de los animales del lecho oceánico son gusanos nematodos, unas criaturas diminutas. También viven en nuestro cuerpo y en otros animales. Los nematodos comen plantas y otros microbios, como bacterias.

Los nematodos **más pequeños** son aún **40 veces más largos** que la bacteria de E. coli.

La mayoría de los nematodos miden menos de 2,5 mm.

Tardígrado

Estos fantásticos y minúsculos animales, conocidos también como osos de agua o cerditos del musgo, son realmente duros: pueden vivir a temperaturas extremas y sobrevivir 30 años sin comer.

Los tardígrados crecen hasta unos 0,5 mm. ¡Mira sus diminutas garras!

Copépodo

Los copépodos forman parte de una familia de animales conocidos como crustáceos, que se encuentran en el mar. Igual que cualquier otro crustáceo, como los cangrejos y las gambas, lucen un esqueleto exterior a modo de armadura.

Este pequeño copépodo es microscópico. Algunos crecen lo suficiente para distinguirlos a simple vista.

Cronología de los
microbios

Todo lo que sabemos sobre los **microbios** ha cambiado con el paso del tiempo. Descubre aquí algunos de los **principales momentos y descubrimientos**.

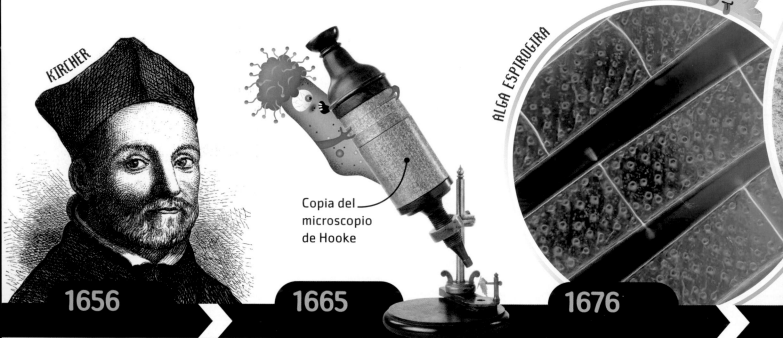

KIRCHER

Copia del microscopio de Hooke

ALGA ESPIROGIRA

1656

1665

1676

Microbios

Mientras buscaba cómo curar la **peste** en Roma, Italia, el estudioso Atanasio **Kircher** es el primero que **observa microbios** con un microscopio. Supone que son la causa de las **enfermedades**.

Esporas del moho

El científico Robert **Hooke** es el primero que observa y describe las **esporas del moho**. También inventa la palabra «**célula**» cuando descubre que las células del corcho a través del microscopio parecen las **habitaciones**, o **celdas**, de un monasterio.

Bacterias

Anton van **Leeuwenhoek** es el primer científico que describe las **bacterias** en 1676. Más adelante descubre las **espirogiras**, un tipo de alga, y también los diminutos gusanos **nematodos**. Actualmente se conoce a Leeuwenhoek como el «**padre de la microbiología**».

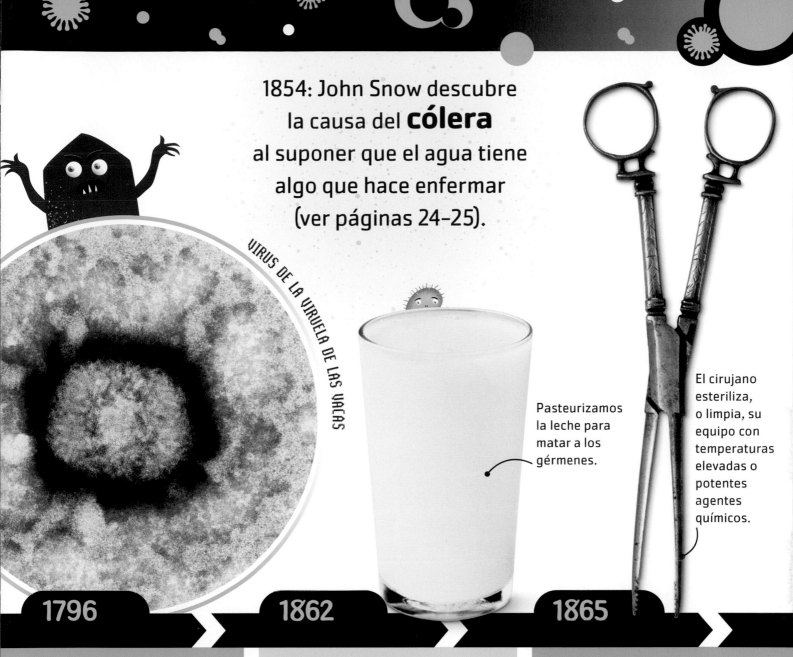

1854: John Snow descubre la causa del **cólera** al suponer que el agua tiene algo que hace enfermar (ver páginas 24-25).

VIRUS DE LA VIRUELA DE LAS VACAS

Pasteurizamos la leche para matar a los gérmenes.

El cirujano esteriliza, o limpia, su equipo con temperaturas elevadas o potentes agentes químicos.

1796

1862

1865

Vacunas

El médico Edward **Jenner** demuestra que el **virus de la viruela de las vacas** no solo no afecta a las personas, sino que además las protege de la **viruela**, una enfermedad terrible: así aparece la primera vacuna. De hecho, ¡la palabra «**vacuna**» viene de la palabra **vaca**!

Gérmenes

El biólogo Louis **Pasteur** demuestra que los gérmenes no aparecen **porque sí**, sino que **viajan y pasan** de un lugar a otro. Para demostrarlo calienta caldos para matar los **gérmenes**. Perfecciona este proceso, que actualmente conocemos como **pasteurización**.

Esterilización

Inspirándose en Pasteur, el cirujano Joseph **Lister** tiene la idea de **esterilizar** para evitar infecciones durante las operaciones quirúrgicas. La esterilización incluye **lavarse las manos**, desinfectar las heridas y limpiar el equipo quirúrgico, como por ejemplo los **bisturís**.

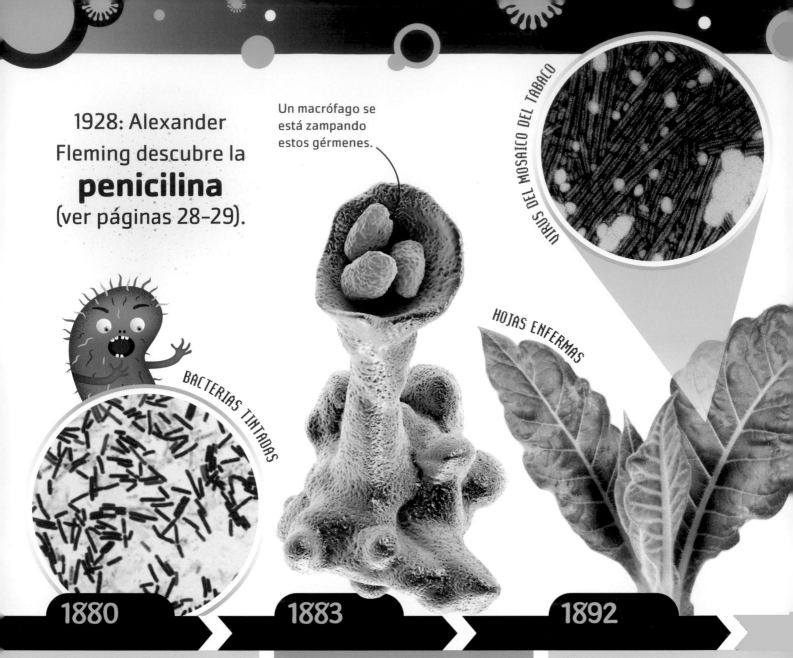

1928: Alexander Fleming descubre la **penicilina** (ver páginas 28–29).

Un macrófago se está zampando estos gérmenes.

VIRUS DEL MOSAICO DEL TABACO

BACTERIAS TINTADAS

HOJAS ENFERMAS

1880

1883

1892

Tinción

El médico Robert **Koch** inventa cómo teñir las bacterias de diferentes **colores** para que sea más fácil verlas en el **microscopio**; le ayuda a identificar las bacterias que provocan la **tuberculosis**, una enfermedad.

Macrófagos

El zoólogo (científico de animales) Elías **Méchnikov** observa unas células que se comen a otras, esto es la **fagocitosis**. Así luchan algunos de los glóbulos blancos del cuerpo, los **macrófagos**, contra la infección: ¡**comiéndose a los intrusos**!

Virus

El botánico (científico de plantas) Dimitri **Ivanovsky** y el microbiólogo Martinus **Beijerinck** descubren una enfermedad en las plantas provocada por algo **más pequeño** que las bacterias, el **virus del mosaico del tabaco**, que se convierte en el primer virus que es descubierto en la historia.

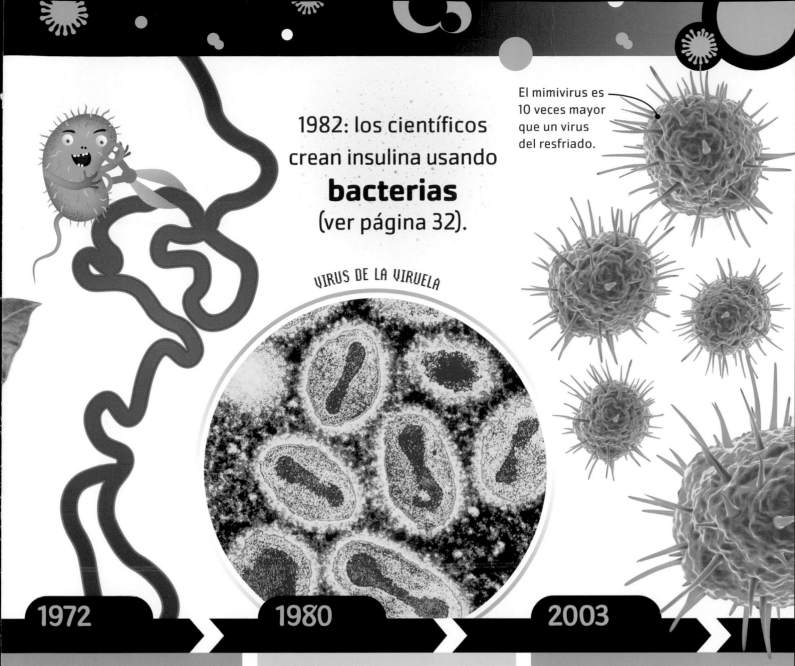

1982: los científicos
crean insulina usando
bacterias
(ver página 32).

El mimivirus es
10 veces mayor
que un virus
del resfriado.

VIRUS DE LA VIRUELA

1972

Genes
Los bioquímicos Stanley **Cohen** y Herbert **Boyer** usan enzimas para copiar trozos de **ADN** de un organismo a otro. Así empieza la **ingeniería genética**: cambiar el ADN de un organismo para modificar su **conducta**.

1980

Viruela
Por primera vez en la historia se erradica por completo una **enfermedad**. La amenaza de la **viruela** desaparece gracias al esfuerzo de **vacunación** global. Se conservan algunas muestras del **virus** en laboratorios para que investiguen los **científicos**. Hay gente que cree que deberían destruirse.

2003

¡Mucho que aprender!
El biólogo Didier **Raoult** descubre un virus muy grande, el **mimivirus**, que actúa de manera diferente a los otros virus. Este descubrimiento hace que los científicos se pregunten realmente qué es un **virus**, ¡lo que significa que aún queda mucho **por aprender** en microbiología!

Glosario

Es útil conocer estas palabras al hablar y aprender sobre bacterias y microbiología.

adenovirus
tipo de virus que afecta a la respiración del organismo

ADN
molécula dentro de la célula que indica al organismo cómo actuar

agar
sustancia gelatinosa en la que se cultivan microbios

algas
tipo de microbios que usan la clorofila para obtener energía del Sol

ameba
tipo de protozoo que cambia de forma con facilidad

antibióticos
medicinas que luchan contra las bacterias

arqueas
microbios similares a las bacterias pero con características diferentes y fuertes membranas celulares

bacilos
bacterias con forma de bastoncillo

bacterias
el grupo de microbios más habitual

bacteriófago
tipo de virus que ataca a las bacterias

bacteriólogo
científico que estudia las bacterias

bioluminiscencia
capacidad de un organismo para emitir luz

célula
unidad mínima de un organismo

célula de memoria
glóbulo blanco que recuerda una infección después de que desaparezca

ciliados
tipo de protozoo cubierto de pelitos

citoplasma
sustancia gelatinosa del interior de las células

clorofila
agente químico de la fotosíntesis

cocos
bacterias con forma redonda

cólera
enfermedad terrible que se propaga en condiciones de suciedad

contaminada
sustancia que contiene algo nocivo, como gérmenes

crustáceos
grupo de animales que incluye copépodos, cangrejos y gambas

diatomea
tipo de alga unicelular

ébola
tipo de virus muy mortal

enzimas
agentes químicos que descomponen las moléculas grandes en pequeñas

espirilos
bacterias con forma de espiral

espirogira
tipo de alga viscosa

espora
célula equivalente a una semilla que propagan los hongos

esporangios
bolas de esporas de un hongo

esterilización
proceso para limpiar objetos, como el equipo quirúrgico, para matar a los gérmenes

fagocitosis
acto de una célula comiéndose a otra, por ejemplo un macrófago comiéndose a un germen

fermentación
proceso en el que los microbios transforman los azúcares

flagelados
tipo de protozoo con un largo flagelo

flagelo
cola que tienen algunos microbios para moverse

fotosíntesis
proceso por el que las plantas y las algas absorben la energía del Sol

gérmenes
microbios malos que hacen que enfermemos

gripe
enfermedad causada por un tipo de virus

hifas
hilillos de hongos

hipertermófila
tipo de arquea capaz de sobrevivir a temperaturas muy elevadas, por ejemplo en fuentes hidrotermales

hongos
microbios que se reproducen creando y esparciendo esporas

insulina
agente químico encargado de equilibrar el nivel de azúcar en la sangre de un organismo

levadura
tipo de hongo unicelular, la levadura se usa para fermentar

macrófago
glóbulo blanco que come gérmenes

membrana celular
capa que mantiene la forma de la célula y deja entrar y salir sustancias

microanimales
animales demasiado pequeños para verlos sin microscopio

microbio
palabra más corta para referirse a «microorganismo»

microbiología
ciencia de los microorganismos

microorganismo
cualquier ser vivo demasiado pequeño para que podamos verlo sin la ayuda de un microscopio

microscopio
herramienta en forma de tubo con lentes o cristales curvados que aumenta el tamaño de las cosas

moho
tipo de hongo peludo que crece en sitios húmedos, como por ejemplo, en la comida putrefacta

molécula
cantidad mínima de una sustancia

nitrógeno
tipo de gas en la atmósfera

nutrientes
sustancias de la comida que usa un organismo para crecer

oligosacáridos
moléculas largas de algunos alimentos, como las legumbres

Ophiocordyceps unilateralis
hongo de las hormigas zombis

organismo
cualquier ser vivo

pared celular
capa de protección alrededor de algunas membranas celulares

pasteurización
proceso de calentar líquidos, como la leche, para eliminar cualquier germen que contenga

penicilina
sustancia antibiótica producida por un tipo de moho

pili
pelitos que se encuentran en el exterior de algunas bacterias para permitirles unirse a superficies

placa de Petri
placa especial donde los científicos cultivan microbios

protozoos
grupo de microbios unicelulares que comen otros organismos

quitina
material que compone las paredes celulares de los hongos

reproducción
método por el que un organismo crea más organismos

ribosomas
moléculas de una célula que fabrican piezas para el organismo

síntomas
signos de una enfermedad, como estornudos o hinchazón

sistema digestivo
sistema por el que un organismo, por ejemplo una persona, descompone y usa la comida

sistema inmunitario
sistema con el que un organismo se deshace de cualquier invasor, como los gérmenes

toxinas
agentes químicos peligrosos

vacuna
sustancia que contiene la versión suave de un virus. Los médicos inyectan vacunas para protegernos contra enfermedades complicadas

virus
microbio que infecta las células de los organismos y causa enfermedades

zooclorelas
tipo de algas que solo vive dentro de otros seres

zoonóticas
enfermedades que pasan de animales a humanos

Índice

Agradecimientos

DK agradece a las siguientes personas: Sakshi Saluja, por la documentación gráfica; Yamini Panwar, Pankaj Sharma y Rizwan Mohd, por su asistencia con la alta resolución; Katy Lennon y Kasey Greenbaum, por su asistencia editorial; Polly Goodman, por la corrección del original, y Helen Peters, por el índice.

Steve Mould dedica este libro a su familia: Lianne, Ella, Lyra y Aster.